Karl Lauer

Ich muss brechen, sagte die Welle

GOLDMANN

Buch

Nach Blondinenwitzen, Häschenwitzen und Witzen vom ominösen Volk der Ostfriesen sind »Dad Jokes« der große Renner. Eine neue Sammlung der besten Kalauer, die Papas zum Schenkelklopfen und alle anderen zum Augenrollen, Aufstöhnen, gequälten Grinsen und letztlich doch zum herzhaften Lachen bringen.

Autor

Karl Lauer wurde am 1. April 1968 überraschend als zweiter Zwilling in Schildbürgerstadt geboren, wo er die Schule besuchte, zur Arbeit ging, Vater wurde und irgendwann auf die Idee verfiel, seine Witze, Sprüche und Kalauer zwischen zwei Buchdeckel zu pressen. Nun müssen Familien landauf, landab unter seinem Verständnis von Humor leiden. Aber wie öde wäre es am Frühstückstisch ohne grottige Dad Jokes, und was wären Familienfeiern ohne die Flachwitze von Papa?

Außerdem von Karl Lauer im Programm

Ich bin gerührt, sagte der Teig

auch als E-Book erhältlich

Karl Lauer

Ich muss brechen, sagte die Welle

Über 350 Dad Jokes,
die nur Väter witzig finden

GOLDMANN

MIX
Papier | Fördert gute Waldnutzung
FSC® C014496
FSC www.fsc.org

Penguin Random House Verlagsgruppe FSC® N001967

1. Auflage
Originalausgabe Mai 2025

in der Penguin Random House Verlagsgruppe GmbH,
Neumarkter Str. 28, 81673 München
produktsicherheit@penguinrandomhouse.de
(Vorstehende Angaben sind zugleich Pflichtinformationen nach GPSR.)
Redaktion: Andrea Kalbe
Illustrationen: neapol/Adobe Stock XXXX
Umschlag: Uno Werbeagentur, München
Umschlagmotiv: FinePic®, München
Satz: Uhl + Massopust, Aalen
Druck und Bindung: GGP Media GmbH, Pößneck
Printed in Germany
CH · CF
ISBN 978-3-442-18045-5

www.goldmann-verlag.de

Inhalt

Papas Beste

*Wer passt bei Vollmond
nicht durch die Tür?
Ein Querwolf.*

Kaputte Trommel zu verschenken.
Die ist unschlagbar.

»Der Schrank hat ja gar keine
Türen.« -
»Ist doch regal.«

Wie nennt man einen kleinen Türsteher?
Sicherheitshalber.

Ich wollte einen Witz über die Deutsche Bahn machen, aber ich weiß nicht, ob der ankommt.

Was macht ein arbeitsloser Schauspieler?
Spielt keine Rolle.

Was sagt ein Bergsteiger auf dem Mount Everest?
»Einsame Spitze!«

Ich hab mir vor zwei Monaten ein Buch bestellt: »Reich werden durch Betrug«. Ist immer noch nicht da!

**Erkenntnis nach dem Urlaub:
Gebräunte Haut
wiegt drei Kilo mehr!**

Treffen sich zwei Yetis. Sagt der eine:
»Du, gestern hab ich Reinhold Messner
gesehen.« Darauf der andere:
»Was, gibt's den wirklich?«

Wie nennt man einen Bumerang,
der nicht zurückkommt?
Stock.

Echte Piraten weinen nicht.
Sie heulen Rum.

»Immer schön locker bleiben«,
sagte die Schraube.

Besser Neurosen
als gar keine Blumen.

Was sind 90 Nazis
in einer Ecke?
Ein rechter Winkel.

Taxifahrer protestieren gegen Uber.
Hotelbesitzer protestieren gegen Airbnb.
Ich frag mich, wann die Post von E-Mail erfährt.

Woran erkennt man einen schlechten Juwelier?

Er bekommt nichts auf die Kette.

**Mein Bett und ich lieben uns,
aber der Wecker kommt damit nicht klar.**

»Die Fahrkarten, bitte!«
Dieser Satz wirft mich immer wieder aus der Bahn.

ICH BIN SO ALT – DAMALS HIESS AMAZON NOCH QUELLE-KATALOG!

Ich glaub, ich weiß, warum ich ständig müde bin: weil so unglaublich viele Talente in mir schlummern.

Wie heißt der chinesische Medienminister?
Zei-Tung.

Ich hab neulich meine Kreditkarte überzogen. Mit Blattgold.

Welche Sportler
reden am wenigsten?
Tennisspieler.
Nach drei Sätzen
ist Schluss.

Wenn ich auf die Arbeit komme, versteck ich mich sofort. Gute Angestellte sind nämlich schwer zu finden.

Bei Adidas wurde eingebrochen.
Die Polizei hat drei Streifen hingeschickt.

Was macht ein Clown im Büro?
Faxen.

Ein eigener Social-Media-Kanal
ist heutzutage für viele Milliardäre
ja ein Musk-have.

Warum spielen die Deutschen
so schlecht Schach?
Ihre Züge kommen immer zu spät.

Mit schwarzem Humor ist es wie beim Trinkwasser: Hat nicht jeder.

Was ist groß, grau
und kann nicht fliegen?
Ein Parkplatz.

Julia: »Hey Romeo, was machen wir heute Abend?«
Romeo: »Ich richte mich nach dir.«

Was ist grün, schlau
und stellt viele Fragen?
Günther Lauch.

Ich bin inzwischen selbstständig und verkaufe Schwimmnudeln.
Kann man sich gut mit über Wasser halten.

Wie viele Sozialarbeiter braucht es,
um eine Glühbirne auszuwechseln?
Nur einen, aber die Glühbirne muss es wirklich wollen.

Alle zwei Stunden wird in Berlin ein Auto gestohlen. – Was ist das denn für ein Auto und kann man da nicht besser drauf aufpassen?

Warum können Weihnachtsbäume so schlecht stricken?
Sie lassen ständig die Nadeln fallen.

Als Helmut Kohl noch lebte, half er mir manchmal mit dem Kachelofen.
Er war mein Einheiz-Kanzler.

»Wie hieß noch mal dieser Musiksender von früher?«
»Ich glaube, dass es MTVIVA.«

Mein Chef könnte problemlos in eine Steckdose fassen, so schlecht wie der leitet.

Wo tanzen Schneemänner?

Auf dem Schneeball.

Was ist gelb, hat einen Arm und
kann nicht schwimmen?
Ein Bagger.

Papas Oberschlauste

Was macht ein Mathelehrer,
wenn ihm kalt ist?
Er stellt sich in eine Ecke,
die hat immer 90 Grad.

Neulich habe ich einen Chemie-Witz erzählt.
Leider bekam ich keine Reaktion.

Warum wachsen auf dem Mond
keine Blumen?
Zu wenig Erde.

Was ergibt sieben mal sieben?
Ganz feinen Sand.

Ich bin ein Mann mit Klasse.
Ich bin Lehrer.

Ich habe meine Englischlehrerin gefragt, was »Geräte« auf Englisch heißt. Die weiß es.

»Medkiatmetne.« - »Du hast dich vertippt.« - »Nein, die sind doch verschreibungspflichtig.«

Immer wieder zu überprüfen, ob man auch wirklich die korrekten Fachbegriffe verwendet, ist echt eine Syphilisarbeit.

»Welchen Abschluss haben Sie?« – »Allgemeine Urlaubsreife.«

Was ist der Unterschied zwischen Schule und Lidl?
Lidl lohnt sich.

Wenn ein Waldorfschüler jemanden beleidigt, ist das dann ein Distanz?

Mathe und Deutsch sind meine drei gutesten Fächer.

»Du hast 5 Murmeln in der Hosentasche, 2 fallen raus. Was ist in der Tasche?« – »Ein Loch.«

Was versteht man unter einer Turbine? Nichts, viel zu laut!

DIE STEIGERUNG
VON BUCHSTABENSUPPE:
WÖRTERSEE!

Ich habe letztens einen Wettbewerb im Verhaspeln gewonnen.
War vielversprechend.

Magst du Chemie-Witze?
Na Chlor!

Wie nennt man einen studierten Bauern?
Ackerdemiker.

»Das haben wir schon immer so gemacht!« – Häufigste Zeitform im Deutschen: das Stussquamperfekt.

WAS IST DIE MEHRZAHL VON RETTICH? MEHRRETTICH.

Als ich hörte, dass Sauerstoff und Magnesium was miteinander haben, dachte ich nur: OMg.

Ein Mathebuch ist der einzige Ort, wo es normal ist, 53 Birnen zu kaufen.

Geburtstage sind gesund! Wissenschaftler haben herausgefunden, dass Menschen, die öfter Geburtstag haben, länger leben.

Hast du dir das Jammern selber beigebracht oder warst du an der Akademimimi?

Relativitätstheorie für Dummies:
Die Zeit vergeht langsamer oder schneller, je nachdem auf welcher Seite der Badezimmertür man wartet.

Mathematisch eigentlich unmöglich, aber die meisten Städte haben mehr als vier Viertel.

Wo gibt es Silvester vor Weihnachten?
Im Wörterbuch.

Umfahren ist das Gegenteil von umfahren.
Damit ist wohl alles
über die deutsche Sprache gesagt.

Was ist der Unterschied
zwischen einem Lehrerzimmer
und der Psychiatrie?
Die Telefonnummer.

»Ich habe Anglistik studiert.« –
»Schade, ich mag keinen Fisch.«

Wie fängt ein Mathematiker eine Schafherde? Er umwickelt sich mit Stacheldraht und definiert sich als außen.

Letzte Worte des Sportlehrers?

»Alle Speere zu mir!«

Ich habe neulich einen Mikrobiologen getroffen. Er war größer, als ich dachte.

Papas Tierischste

Was hat eine Taube mit einem Auto gemeinsam? Gurrt.

Warum haben Giraffen
einen so langen Hals?
Weil ihr Kopf so weit
von ihren Beinen weg ist.

Ich habe eine Henne und ein Ei im Internet bestellt.
Ich gebe Bescheid, was zuerst da war.

Was macht man mit einem Hund
ohne Beine?
Um die Häuser ziehen.

Wo sucht ein Oktopus
nach seiner großen Liebe?
Auf Tinter.

Seit ich im Zoo arbeite,
bin ich überglücklich:
Endlich kann ich
das Berufliche mit dem
Primaten verbinden.

*Sind Borkenkäfer
eigentlich Stammgäste?*

Wie nennt man eine Auszeichnung
für gut erzogene Hunde?
No-bell-Preis.

Welchen Film mögen Rettungssanitäter
am liebsten?
Bambi. Ist ein Reh-Animations-Film.

Welche Vögel können Zeichensprache?
Die Tauben.

Warum essen Franzosen
so gerne Schnecken?
Sie mögen kein Fast Food.

Treffen sich zwei Fische.
Sagt der eine: »Hi.«
Fragt der andere: »Wo?«

Wie nennt man ein Lama, das auf Margarine ausrutscht und an eine Glocke knallt?
Ramalamadingdong.

Was bestellt der Blauwal
im Restaurant?
Einen Krillteller.

»Weißt du, wie lange Fische leben?« - »Wahrscheinlich genauso wie kurze.«

Wohin geht ein Reh mit Haarausfall?
In die Reh-Haar-Klinik.

Wie nennt man ein verschwundenes Rind?
Oxford.

Am U-Bahn-Eingang steht: »Auf der Rolltreppe müssen Hunde getragen werden.«
Also echt, wo soll ich denn hier jetzt bitte einen Hund herbekommen?

WAS SAGT DIE KASSIERERIN ZUM DALMATINER?
»SAMMELN SIE PUNKTE?«

Wo lebt Bambi?
Im Wald Disney.

Wie nennt man einen
Delfin mit Unterhose?
Slipper.

Was ist klein und schwarz
und dreht sich auf der Wiese?
Ein Maulwurf beim Hammerwerfen!

Treffen sich zwei Holzwürmer.
Sagt der eine stolz: »Mein Sohn arbeitet jetzt in der Bank.«

Wo findet man alte Kühe?
Im Muh-seum.

Sagt der Hase zum Schneemann:
»Gib mir die Möhre oder ich hol einen Föhn!«

Zu welcher Musik tanzen Osterhasen am liebsten? Hip Hop!

```
Was ist das Gegenteil
von Reformhaus?
Reh hinterm Haus.
```

Schwein vor der Steckdose:
»Komm raus, du Feigling!«

Was bestellt der Maulwurf
im Restaurant?
Ein 3-Gänge-Menü.

---

*Was wird aus einem Waschbären,
der ins Fitnessstudio geht?
Eine Waschmaschine.*

Warum sind Vögel so glücklich?
Sie essen alles, was wurmt.

Kommt ein Igel an einem Kaktus vorbei und fragt: »Mami, bist du's?«

»Jetzt geht's rund«,
sagte der Papagei
und flog in den Ventilator.

Wie nennt man Kaninchen im Fitnessstudio?
Pumpernickel.

WELCHER VOGEL
HAT DARTH VADER
AUF DEN HELM GEKACKT?
DER STAR WAR'S!

Stehen zwei Eisbären in der Wüste, da sagt der eine zum anderen: »Hier muss es aber ganz schön glatt sein!« Fragt der andere: »Wieso das denn?« Darauf der erste: »Siehst du nicht, wie viel die hier gestreut haben?«

Was sagt ein italienischer Kammerjäger nach getaner Arbeit?
»Schabe fertig.«

Mein Hund hat immer Leute auf dem Rad verfolgt. Ich hab ihm jetzt das Rad weggenommen.

Was lebt im Meer und motzt Autos auf? Ein Tunefisch!

Hat das Blümchen einen Knick, war die Biene wohl zu dick.

Was ist schwarz und weiß, hat einen Schnabel und macht die ganze Zeit Pistolengeräusche? Ein PENGuin.

Was sagt man zu einer Gans,
die nicht geschlachtet wird?
Happy-Ent.

Ein Krokodil schwimmt im Wasser schneller als ein Mensch, rennt an Land aber langsamer. Das heißt, bei einem Triathlon würde alles aufs Radfahren hinauslaufen.

Welche Enten trinken am meisten?
Die Studenten.

Wortwitze mit Vögeln gehen Gans und Kranich.

Was hat vier Beine und einen Arm?
Ein Pitbull.

Wie nennt man einen Aal, der nur geradeaus schwimmt? Lineal.

Welche Schuhe riechen nach Fisch?
Hai-Heels.

**EGAL WIE SAUER DU BIST,
DINOS WAREN SAURIER.**

Ich habe genug von deinen Tierwitzen. Bitte mach, dass es entet.

Papas Kindischste

Meine Frau will mit mir über mein kindisches Verhalten reden. Tja, ohne das Geheimwort kommt sie nicht in meine Kissenburg.

Vater: »Du wurdest adoptiert.«
Sohn: »Was? Ich will sofort zu meinen echten Eltern!«
Vater: »Wir sind deine echten Eltern. Du wirst in 20 Minuten abgeholt.«

»Hast du Kinder?«
»Ja eins, das ist fast 2.«
»Ich weiß, wie viel 1 ist.«

IN EINER LAUSCHIGEN SOMMERNACHT SEUFZT SIE: »HÖR MAL, SCHATZ, DIE GRILLEN!« ER: »ICH RIECHE NICHTS.«

Wir haben uns überlegt, dass wir keine Kinder wollen. Morgen sagen wir es ihnen.

Irgendwann im Leben kommt der Moment, in dem du als Familienoberhaupt auch mal auf den Tisch hauen und sagen musst: »Hört sofort auf oder ich sag's Mama!«

Veganer kriegen keine Kinder.
Sie bekommen Sprösslinge.

Wie nennt man einen kleinen Mann mit acht Kindern? Fruchtzwerg!

Was ist die Höchststrafe für Bigamie? Zwei Schwiegermütter.

Im Kindergarten: »Welches ist denn Ihr Kind?« – »Geben Sie mir einfach irgendeins, ich bringe es ja eh morgen wieder.«

»Wie viel wiegt deine Frau?« – »Frag mich bitte was Leichteres.«

Was sagt man zu seiner Freundin, wenn der Gefrierschrank vereist ist? Wir müssen ihn abtaun, Girl.

»Siri, warum sind Frauen so komisch zu mir?« - »Mein Name ist Alexa!«

Ich habe endlich eine Dachbox für das Auto gekauft. Total praktisch, man hört die Kinder so gut wie gar nicht mehr.

Egal, wie sehr du Harry Potter magst:
Emmanuel Macron.

Wonach riecht es
in der Villa Kunterbunt?
Nach Pipi.

Ich frag mich immer, was meine Eltern früher gemacht haben, als es noch kein Internet gab.
Meine 12 Geschwister wissen es auch nicht.

Sie Küste. Er wollte Meer.

Heute war Schrottwichteln im Kindergarten - wir sind die neuen Eltern von Kevin.

Meine Frau hat mich angebrüllt: »Du hast mir gerade keine Sekunde zugehört, oder?« – Was für eine merkwürdige Art, eine Unterhaltung zu beginnen.

Eine Studie hat ergeben, dass Kindergärten eigentlich gar keine Kinder anbauen.

Ich bin nicht stur, sondern außergewöhnlich meinungsstabil.

Warum heißt es eigentlich Erstgeborenes und nicht »Starterkid«?

Sollte man einen kleinen Max nicht eher
Minimilian nennen?
Und wann kommt der Max endlich aus dem
llian raus?

Papas Köstlichste

Kunde: »Entschuldigung, sind die Tomaten genmanipuliert?«
Verkäufer: »Warum wollen Sie das wissen?«
Tomaten: »Genau, was geht Sie das überhaupt an?«

Was ist flach, rund und hat viele Antennen? Pizza Funki.

Was ist gesund und schnell beleidigt? Ein Schmollkornbrot.

Vor 10 Jahren hätte ich mit nur 5 Euro in meiner Brieftasche Brot, Zigaretten, Milch und Kartoffeln vom Supermarkt mitgebracht. Heute haben sie überall Kameras.

Warum ist Zucker schlauer als Salz?
Weil er raffiniert ist.

Wenn du die Wahl zwischen Arbeiten und einem Glas Wein hast, nimmst du dann Riesling oder Chardonnay?

Was ist rot und steht im Wald?
Ein Kirsch.

Was ist rot und kämpft sich durch den Salat?
Ein Rambodieschen.

Wenn man die Notfallschokolade im Schreibtisch durch Notfallmohrrüben ersetzt, gibt es deutlich weniger Notfälle.

Leben am Limit:
Heute habe ich Coffee to go
im Stehen getrunken.

Was ist denn mit den Tomaten passiert?

Vielleicht sollten die Leute aus Bautzen mal aufhören, überall ihren Senf dazuzugeben.

Was essen Cowboys am liebsten?
Cow-Gummi.

Blöd, wenn der Konditorlehrling seine Torte vor der Abgabefrist.

Was bekommt man,
wenn man eine Tasse Glühwein ext?
Gebrannte Mandeln.

»EINE PIZZA MIT GLATZE BITTE.« –
»WAS SOLL DAS DENN SEIN?« –
»NA, EINE KAHLZONE.«

Das ist kein dicker Bauch,
das ist ein Feinkostgewölbe.

Was macht Bacardi im Regal? Rum stehen.

Wie nennt man eine sehr einfach zuzubereitende Variante eines Gemüsekuchens, der im Durchgang zwischen zwei Räumen verzehrt wird? Tür-Quiche für Anfänger.

Wer an einem Stück Pfannkuchen erstickt, der crêpiert.

Ich habe meine Ernährung umgestellt. Die Schokolade liegt jetzt rechts vom Laptop.

Wie nennt man gesellige Hülsenfrüchte? Kontaktlinsen.

Ich esse nicht jede Sorte Chips. Ich bin da sehr pringelig.

Was machen Pilze auf einer Pizza?
Sie funghieren als Belag.

Sind befreundete Gummibärchen eigentlich Haribros?

Die Kellnerin fragt: »Ihr Glas ist ja leer. Möchten Sie noch eins?«
Der Gast: »Nein, was soll ich mit zwei Gläsern?«

Wer hat eigentlich gesagt, dass man nachts nichts essen soll? Wofür ist dann bitte das Licht im Kühlschrank?

WARUM NENNT MAN TEIGWAREN EIGENTLICH TEIGWAREN?

Weil sie mal Teig waren.

»Möchten Sie Ihren Kaffee schwarz?« – »Welche Farben haben Sie denn noch?«

Sind Kichererbsen eigentlich das Gegenteil von Weintrauben?

Welches Fabelwesen trifft man bei Starbucks? Die Kaf-Fee!

Tupperdosen sind echt praktisch.
Zum Beispiel, wenn man Essen übrighat,
aber es erst in zwei Wochen
wegwerfen will.

Mit Hunger einkaufen -
unbezahlbar.

Warum hört die Orange auf, zu rollen?
Ihr ist der Saft ausgegangen.

Welche Süßigkeit mögen Soldaten
am liebsten?
Marschmallows.

Was ist orange und sitzt auf dem Fahrrad?
Eine Strampelmuse.

Zwei Erbsen rollen durchs Haus.
Sagt die eine: »Pass auf, da kommt eine Trepp-epp-epp-epp-epp …«

Was ist grün, sauer und versteckt sich vor der Polizei?
Ein Essig-Schurke.

Was kommt aus einer defekten Kaffeemaschine?
Kaputtschino.

Das Brot ist korrupt. Es hat sich gerade von mir schmieren lassen.

Was macht ein Security-Mann
in der Nudelfabrik?
Er Pasta auf.

Für wen kauft ein Egoist Obst?
Pfirsich.

Schokolade erweitert dein Speckdrum.

Was ist grün und gewinnt jedes Rennen?
Ein Schnellerie.

Was ist bunt, wird in einer Schüssel serviert und rennt über den Esstisch? Ein Fluchtsalat.

*Ich habe einen Joghurt fallen gelassen.
Er war nicht mehr haltbar.*

Wer hat die Gewürzlieferung gestohlen?
Die Oreganoven.

Wo ist die Deutschland-Zentrale
von Burger King?
In Whoppertal.

Papas Peinlichste

Was ist das Wichtigste
bei einem Schweißausbruch?
Das W!

»Ich stecke in der Bredouille.« –
»Oh wie schön, Frankreich!«

Wie nennt man den Weg zur Stammkneipe? Durststrecke.

Wie nennt man eine Gruppe
krimineller Ohrenärzte?
Gehör-Gang.

»Deine Zähne sind wie Gelsenkirchen
und Duisburg!«
»Häh?« – »Noch Essen dazwischen.«

Biete Fallschirm:
nie geöffnet, ein paar rote Flecken.

WAS KRIEGT EIN KANNIBALE,
DER ZU SPÄT ZUM ESSEN KOMMT?
DIE KALTE SCHULTER.

Was rauchen die Kassierer bei Aldi?
Kassenbong.

Glück ist wie Furzen – wenn man es erzwingt, wird es Scheiße.

Was ist schwarz und hängt an der Decke? Ein schlechter Elektriker.

Stromausfall auf der Toilette.
Die Besucher sind sichtlich angepisst.

Was haben Rollstuhlfahrer und
Mörder gemeinsam?
Beide sitzen lebenslänglich.

Was ist das Lieblingsessen von Gehörlosen?
Taubenzucker.

*Ich hab mich gestern betrunken.
Mit Tee. Hatte mindestens 2 Kamille.*

Auf St. Pauli wurde ein Sarg gefunden. Man hat vergeblich versucht, ihn zu öffnen. War ein Zuhälter drin.

Wie nennen Kannibalen ein Skelett?

Leergut.

Was macht ein Ostfriese bei Ebbe?
Er verkauft Bauland an Touristen.

Mein Winterspeck ist weg,
ich hab jetzt Frühlingsrollen.

Was haben Ärzte und Tiefbauingenieure gemeinsam?
Bei beiden liegen die Fehler unter der Erde.

Gestern haben wir eine Wattwanderung gemacht. Meer war nicht drin.

Was ist rund, braun und stinkt?
Ein Stuhlkreis!

Warum sind Drogenabhängige immer pleite?
Zu hohe Fixkosten.

Warum kann sich die Dame beim Schach frei bewegen?
Weil die Felder aussehen wie Küchenfliesen.

Wenn Tempo auch Tampons herstellen würde, müssten sie Schritttempo heißen.

Wie nennt man ein spanisches Kondom? Adios Embrios.

Welche Haselnusstafeln schmecken nach Urin? Harnnuta mit Pisstazien.

»Abgemacht ist abgemacht!« –
Christoph, 52, Chirurg

Wie nennt man eine Polizistin, die ihre Tage hat? Red-Bull.

Wie nennt man das Geschlechtsteil eines Zollbeamten? Zollstock.

Eine Frau fragt ihren Arzt: »Herr Doktor, hätten Sie eventuell etwas für mich, damit ich jünger aussehe?« Sagt der Arzt: »Hier, nehmen Sie einen Schnuller.«

Was ist ausgekotzte Buchstabensuppe? Gebrochenes Deutsch.

Verdauen ist gut,
Klorolle ist besser.

Was machen Kannibalen aus Medizinern?

Hot Docs.

Welche Autofahrer sind besonders nett?
Geisterfahrer – die sind sehr entgegenkommend.

Papas Philosophischste

Die drei großen Mysterien:

- Was ist der Sinn des Lebens?
- Was existiert außerhalb unseres Universums?
- War das eine Lichthupe oder nur eine Bodenwelle?

Ei vermutet nicht nur.
Ei weiß.

Wie nennt man einen Philosophen, der Amok läuft? Allestöteles.

Was du heute kannst verschieben,
das besorge besser morgen.

So wenig Bock wie heute
hatte ich zuletzt gestern.

Wenn Dummheit klein machen würde, könntest du unterm Teppich Fallschirm springen.

Ich frage mich, was der Teil meines Gehirns, mit dem ich mir früher Telefonnummern gemerkt habe, heutzutage macht.

WENN MAN SOWIESO DENKEN MUSS, WARUM DANN NICHT GLEICH POSITIV?

Personalführung ist die Kunst, den Mitarbeiter so über den Tisch zu ziehen, dass er die Reibungshitze als Nestwärme empfindet.

Ich stell mir abends immer ein leeres Wasserglas ans Bett. Falls ich nachts aufwache und keinen Durst habe.

Kalter Kaffee macht schön –
besonders der Dampf.

»Können Bäcker Eier legen?« –
»Wie kommst du denn darauf?« –
»Es gibt doch das Wort ›Bäckerei‹!«

KOPF HOCH!
SONST DOPPELKINN.

Ich atme.
Produktiver wird es heute nicht.

Sommer ist die Zeit, in der es zu heiß ist,
um die Dinge zu tun, für die es im Winter zu kalt war.

*Ich freu mich, wenn es regnet.
Denn wenn ich mich nicht freue,
regnet es trotzdem.*

Weil es dann nicht mehr lustig ist.
Warum sollte man die Pointe nie zuerst erzählen?

Ob die Marsmännchen
uns wohl Erdmännchen nennen?

»Fahr lässig« – ein Arm aus dem Fenster. »Fahrlässig« – beide Arme aus dem Fenster.

Einen Dachschaden haben wir alle.
Der Unterschied ist,
dass es bei manchen schon reinregnet.

Kartoffelpüree macht mich traurig.
Überleg doch mal,
das hätten Pommes sein können!

Vernünftig ist wie tot. Nur vorher.

Macken sind wichtig, um nicht wie alle anderen zu sein.

Ich bin zwar schon wach,
aber meine Motivation schläft noch.

Bevor man mit dem Kopf durch die Wand rennt, sollte man sich fragen, was man nebenan eigentlich will.

Wer zuletzt lacht, hat es nur nicht früher begriffen.

Geld allein macht nicht glücklich.
Man sollte es schon besitzen.

Früher war echt alles besser.
Gestern war zum Beispiel Sonntag.

Veni, vidi, violini.
Ich kam, sah und vergeigte.

DER OPTIMIST IRRT SICH GENAUSO OFT WIE DER PESSIMIST. ABER ER HAT MEHR SPASS DABEI.

Neulich stand in meinem Glückskeks: »Veränderungen stehen vor der Tür, lassen Sie sie zu.« Was denn jetzt? Die Veränderungen oder die Tür?

Was haben alle Menschen mit Thomas Anders gemeinsam?
Sie heißen entweder Thomas oder anders.

Wenn du mal Probleme brauchst – ich bin jederzeit für dich da!

Papas Göttlichste

ICH BIN NEULICH AUS DER KIRCHE AUSGETRETEN. HABE CHRISTLOS GEKÜNDIGT.

Wie heißen die Eisheiligen?
Schöller, Langnese und Mövenpick.

Wie heißt der Schutzpatron der Glöckner?
Heiliger Bimbam.

Wie heißt der Schutzpatron der Vergesslichen?
Äh Dings.

Warum wurde Jesus ans Kreuz genagelt?
Damals gab es noch keine Akkuschrauber.

Schokolade ist Gottes Entschuldigung für Brokkoli.

Aus welchem Material ist Jesus' Haus?
Aus Jerusa-Lehm.

Treffen sich zwei Hellseher, sagt der eine: »Dir geht's gut, und wie geht's mir?«

Warum fährt Jesus keinen Kleinwagen?
Weil er ein Märtyrer ist.

Warum wurde Jesus bei der Verkehrskontrolle aufgehalten?
Weil er mit seinen 12 Anhängern fuhr.

Wie heißt der nordische Gott der Ungeduld?
Hammersbald.

Mein Freund erzählte mir neulich, er habe den Körper eines griechischen Gottes. Ich habe ihn dann aufgeklärt, dass Buddha kein griechischer Gott ist.

Wie heißt die Frau von Herkules?
Frau Kules.

Was bleibt dem Papst, um beruflich aufzusteigen? Sterben.

Was sagte Gott, nachdem er das Ruhrgebiet erschaffen hatte?
Essen ist fertig!

Jesus kann über Wasser laufen.
Gurken bestehen zu 97 Prozent aus Wasser.
Ich kann über Gurken laufen.
Also bin ich zu 97 Prozent Jesus.

Wie heißt der griechische Halbgott der Silvesterspeisen?
Heraclette.

Wenn Gott eine Frau wäre, würde nach »Es werde Licht!« erst mal kommen: »Wie sieht's denn hier aus?«

Was frühstückt ein buddhistischer Mönch?

Ein Ommmm-lett.

Wie hieß der Chauffeur von Jesus?
Schlimmes. Denn in der Bibel steht:
»Schlimmes wird euch widerfahren.«

Papas Coolste

Was hat fünf Zehen und ist nicht dein Fuß?
Mein Fuß.

»Unter drei Tassen Kaffee fang ich nicht an zu arbeiten!«
»Wie viel trinkst du denn am Tag?«
»Zwei Tassen.«

Wie nennt man einen dicken Schriftsteller?
Kugelschreiber.

Hab mich heute ausgesperrt – war völlig aus dem Häuschen.

»SAG MAL POSTBOTE OHNE O!« –
»BRIEFTRÄGER.«

Was macht ein Keks,
der keine Lust mehr hat?
Er verkrümelt sich.

Habe vor Jahren einen Bumerang weggeworfen. Heute lebe ich in ständiger Angst.

Treffen sich zwei Kerzen. Sagt die eine zur anderen: »Gehen wir heute aus?«

Kommt ein Ritter in die Apotheke und fragt:
»Wo sind denn die ganzen Mittel, Alter?«

Was ist gelb und spielt Gitarre?
John Lemon.

»Im Gefängnis ist ein Brand ausgebrochen!« – »Gott sei Dank! Wenn der drin geblieben wäre, hätte es wahrscheinlich Tote gegeben!«

Was hilft gegen Eisenmangel?
Schraubensaft!

Treffen sich zwei Taschendiebe.
Fragt der eine: »Wie geht's?«
Sagt der andere: »Wie man's nimmt.«

Wie nennt man einen Osteuropäer, der immer ein glühendes Werkzeug dabeihat?
Feuerzangenpole.

Es gab einen Unfall in der Mascara-Fabrik.
Zum Glück konnten wir ihn vertuschen.

Wie nennt man einen gemeinen Chinesen?
Fies-Ling.

WIE HEISST DER BELIEBTESTE SCHWEDISCHE TÜRSTEHER?
LASSE REINSTRÖM.

Was ist rot und hat Schnupfen?
Ein Ranieschen.

Wie nennt man einen schlafenden Kuchen?
Penncake.

```
Wer auch immer mein Office-
Paket gestohlen hat:
Ich werde dich finden.
Du hast mein Word!
```

Wenn mir langweilig ist, rufe ich bei DHL an und frage, wann die Sendung mit der Maus kommt.

In welcher Stadt leben die meisten Veganer?
In Moskau. Dort gibt es lauter Mooskauer.

Ich habe übrigens gerade ein Blatt gelocht, aber das nur am Rande.

Was macht ein Zahnarzt, wenn die Steuerfahnder kommen? Belege entfernen.

Eigentlich wollte ich dir einen
Zeitreisewitz erzählen.
Aber der gefiel dir nicht.

In welchem Urlaubsort wird am meisten geflucht? Tourette de Mar.

Das ist nicht nur der Hammer,
das ist die ganze Werkzeugkiste!

WAS HEISST VERSPÄTUNG
AUF CHINESISCH?
DOI CHE BAN!

Wie sagt man auf Arabisch Glatze?
Dawamaha.

Habe eine deftige Rechnung von meinem Logopäden bekommen. Aber kein Problem, kann ich abstottern.

Wer verdient sein Geld, ohne auch nur einen einzigen Tag zu arbeiten?
Der Nachtwächter.

WIE HEISST DER BRUDER VON ELVIS?
ZWÖLVIS.

Mein Freund meinte neulich, ich wäre gar kein richtiger Ornithologe. Hab ihm erst mal 'nen Vogel gezeigt.

Was ist das Gegenteil von Microsoft Office?
Macrohard Onfire.

Was ist weiß und rollt nach oben?
Eine Lawine mit Heimweh.

Wie nennt man einen deutschen Astronauten? Allmann.

Der Vater von Donald Duck hat einen Enkel Trick.

Es gibt zwei Dinge, die ich hasse: 1. Leute, die maßlos übertreiben. 2. Wenn ich beim Joggen geblitzt werde.

Was passiert eigentlich,
wenn ein Eidgenosse Quatsch macht?
Dann Albert Schwei(t)zer.

*Der Aufzug ist kaputt.
Endlich trifft es mal die da oben!*

Das Tolle an billigen Kletterseilen ist,
dass sie ein Leben lang halten.

Papas Dollste

1000 Glühbirnen entwendet.
Die Polizei tappt im Dunkeln.

Wie nennt man eine mittelmäßige Sonnenbank? Solalarium.

Ich würde mich ja gerne entschuldigen,
aber es tut mir einfach nicht leid!

Wie kommt ein Urologe durch den Tag?
Schritt für Schritt.

Mein Chef hat mir einen guten Tag gewünscht, also bin ich nach Hause gegangen.

Was wird im spanischen Gefängnis zu Weihnachten gesungen?
Verlies Navidad.

»Es zieht!« – »Dreh dich um, dann drückt's.«

Wasser und Öl. Mischen impossible.

BODYBUILDER REDEN NICHT,
SIE HANTELN.

Warum stiehlt Robin Hood Deo?
Um es unter den Armen zu verteilen.

*Ich bin überhaupt nicht nachtragend,
ich kann mir nur sehr gut merken,
wer mich wann womit geärgert hat.*

Kennt jemand einen guten Handtuchwitz?
Ich mag nämlich trockenen Humor.

Mein Elan-Empfang ist heute wirklich sehr schlecht und mein Tatenvolumen ist auch schon aufgebraucht.

Was ist der brutalste Sport der Welt? Fußball. Da wird geköpft und geschossen.

»Warum ist da kein Wasser in deinem Pool?« – »Ich nutze den nur für Beckenbodengymnastik.«

Heute ist internationaler Caps-Lock-Day. Das ist kein Gerücht, sondern eine Feststellung.

In der Steinzeit hatten sehr reiche Leute Nebenhöhlen.

Wie versenkt man ein österreichisches U-Boot?
Man taucht runter und klopft an. Irgendeiner wird schon aufmachen.

---

*Ich habe mit meiner Pflanze ausgemacht, sie nur noch einmal im Monat zu gießen.
Sie ist darauf eingegangen.*

Alle, die damals beim Versteckspielen richtig gut waren, arbeiten heute im Baumarkt.

Wie heißt ein deutscher Torwart mit Wahnvorstellungen? Para Neuer.

Ich war mal in einer Band namens »Brausetabletten«, aber wir haben uns aufgelöst.

Habe letztens die U-Bahn besprüht und danach einen Ausschlag bekommen. Der Arzt meinte, ich hätte Lackdosen-intoleranz.

Wie nennt man einen Polizisten mit Haarausfall?
Glatzcop.

Warum kann ein Bagger nicht schwimmen?
Weil er nur einen Arm hat.

Bei Schusswaffen minderer Qualität – wie steht es da eigentlich um die Gewehrleistung?

»Lass uns ein Fernglas kaufen.« –
»Und dann?« – »Dann sehen wir weiter.«

Was sagt ein Pirat,
wenn er trockenes Gras sieht?
»A, Heu!«

Ich hab mir neulich ein Gespenst gekauft – jetzt besitze ich geistiges Eigentum.

In Zentralamerika gibt es zwar schlechte Lackierer, dafür aber Guatemala.

Umleitungen finde ich total abwegig.

Ich werde mich bei der Bundeswehr als Gebirgsjäger bewerben. Das bekomme ich hin, so schnell sind Gebirge ja nicht.

Wohin geht der Baum nach einem langen Tag? In sein Stammlokal.

Geht ein Rocker in den Blumenladen und fragt: »Wo sind denn die Guns N' Roses?«

Bei Entspannungsmusik werde ich mit jedem Tonträger.

Was ist ein eisenhaltiges Abführmittel?

Handschellen.

Viele Leute sind verwirrt, wenn ein Satz anders endet, als man es Kreditkarte.

Warum können Geister nicht lügen?
Sie sind so leicht zu durchschauen.

Eigentlich wollte ich einen Origami-Kurs
belegen, aber kannste knicken!

Abwasser ist ein Thema,
das unbedingt geklärt werden muss.

Mit Kritik kann ich gut umgehen.
Und mit einer Axt.